© 2014 Publicações Pão Diário
Todos os direitos reservados.

Todos os artigos são adaptados das meditações do Pão Diário.

As citações bíblicas são extraídas da edição Nova Tradução da Linguagem de Hoje © 2005 Sociedade Bíblica do Brasil.

Escritores:
Chia Poh Fang, Connie Cheong, Chung Hui Bin, Lillian Ho, Khan Hui Neon, Catherine Lee, Sim Kay Tee, Mary Soon, Song Shuling, Stephanie Tan, Tham Han Xim, Yong Soo Li

Tradutores:
Cordélia Willik, Lilian Steigleder Cabral

Editores:
Alyson Kieda, Rita Rosário, Thais Soler

Desenho gráfico:
Narit Phusitprapa, Day Day, Mary Tham, Audrey Novac Ribeiro

Diretor de arte:
Alex Soh

Modelos ilustrativos:
King's Kid, Educational Toys & Decorations, Chang Mai, Thailand

Publicações Pão Diário
Caixa Postal 4190,
82501-970, Curitiba/PR, Brasil
publicacoes@paodiario.org
www.publicacoespaodiario.com.br
Telefone: (41) 3257-4028

Código: ZA878
ISBN: 978-1-60485-915-7

2.ª impressão: 2016
3.ª impressão: 2020

Impresso na China

Deus sabe tudo sobre a sua vida. Ele planejou cada um dos seus dias e sempre cuida de você. Ele cuida em todos os momentos, até mesmo quando você está dormindo.

Mesmo quando estamos sozinhos, Deus está presente, e podemos conversar com Ele sempre que quisermos, porque Ele escuta as nossas orações aonde quer que estivermos, em qualquer hora do dia.

Podemos confiar em Deus e viver da maneira como Ele nos ensina, porque Ele sabe qual é a melhor forma de viver.

Para aproveitar bem esta leitura, siga estes quatro passos fáceis e divertidos.

Passo 1: Uma vez por semana, invista o seu tempo nesta leitura e no texto bíblico indicado.

Passo 2: Torne a Palavra de Deus parte de sua vida. "Para memorizar" e os passatempos serão um bom começo. Há melhor maneira de memorizar a Bíblia?

Passo 3: Reforce a lição, p... "Experimente" por meio... atividades. Grandes e p... ...es!

Passo 4: Encoraje a vida... a conversar sobre as lições aprendidas com o texto bíblico. "Falando sobre" traz as ferramentas úteis para tal aprendizado.

Deus deseja que Seus filhos aprendam a conhecê-lo melhor e que correspondam ao Seu amor. Que as *faíscas* deste livro abrilhantem o seu relacionamento com Deus e com os outros.

Deus conhece você

Muitas pessoas odiavam Zaqueu. Ele era um coletor de impostos e roubava o dinheiro das pessoas. Um dia Zaqueu se encontrou com Jesus. O Senhor Jesus já sabia o nome de Zaqueu quando o viu naquela árvore.

A vida de Zaqueu mudou depois que ele conheceu Jesus. Zaqueu deu a metade do seu dinheiro aos pobres. Ele devolveu o dinheiro roubado às pessoas que tinha enganado.

Jesus conhecia Zaqueu e conhece você também. Ele sabe qual é o seu nome. Como Zaqueu, você também gostaria de conhecer Jesus?

Leitura: Lucas 19:1-10
"Deus sabe o seu nome" de *Pão Diário*

Para memorizar

Salmo 139:1

Ó Senhor Deus, tu me examinas e me conheces.

Dica: Feche um dos olhos, segure este livro horizontalmente, e leia-o ao nível dos seus olhos.

Experimente!

Eu conheço você

Vou lhe mostrar que conheço todos os meus brinquedos favoritos. Cubra alguns deles enquanto eu fechar os meus olhos. Sentindo com as minhas mãos, posso dizer o nome de cada um deles.

Eu conheço você

Conhecemos melhor as pessoas e os objetos que estão mais perto de nós. Mesmo sem olhar, reconhecemos uma pessoa pela voz e um objeto quando o tocamos.

Podemos ter certeza de que nosso Pai celestial, que sabe tudo, nos conhece melhor ainda.

Falando sobre

O que Deus sabe sobre você? A lista é muito longa?

Deus conhece todas as coisas… Ele sabe quantos fios de cabelo cada um tem em sua cabeça! Não podemos esconder nada dele. Portanto, serei amigo de Deus para sempre.

Deus cuida de você

Sara tinha uma escrava egípcia que se chamava Agar. Sara maltratava Agar. Por esse motivo, Agar fugiu para o deserto. Deus sabia que a escrava estava triste e então prometeu cuidar bem dela. Agar o chamou de "o Deus que me vê". Quando você estiver sozinho e com medo, converse com Deus sobre isso. Deus cuida de você. Ele se importa com você.

Leitura: Gênesis 16:1-13
"Deus o vê" de Pão Diário

Para memorizar

Salmo 34:15

Vertical
1. Perdidos menos o "r".
2. O médico _____ dos doentes.
3. Não são animais, são _____.
6. Não são "meus", são ____.

Horizontal
4. Quem criou o mundo?
5. Com os ouvidos, você ____!
7. O contrário de "desonestas".

4 _____ 2 _____ *das*
3 _____ 7 _____
e 5 _____ *os* 6 _____
1 _____ —*Salmo 34:15*

Experimente!

Quanto posso enxergar?

Abro meu livro predileto na página central, e o coloco em pé, em cima da mesa. Dou dois passos para trás, e leio em voz alta o que está escrito na página.

Em seguida, dou mais quatro passos para trás, enquanto alguém vira a página. Consigo ler o que está escrito?

Alguém vira a página outra vez, enquanto dou mais dez passos para trás. Será que ainda vou conseguir ler?

Quanto posso enxergar?

Não importa onde estamos, nem o que está acontecendo, Deus vê e sabe. Como Agar, também podemos descobrir a mesma verdade.

Não podemos ver tudo, mas Deus pode, e por isso Ele cuida de nós o tempo todo.

Falando sobre

Você já se sentiu sozinho ou com medo? Às vezes, você se sente sozinho e acha que ninguém o compreende. Como Deus cuida sempre de você, o que poderá fazer quando…

Sentir medo?
Vou _____

Sentir-se sozinho?
Vou _____

Deus cuida de nós o tempo todo.

Ouça Deus falar

Samuel era um menino que ajudava o sacerdote Eli no templo. Certa noite, Samuel ouviu alguém chamando o seu nome três vezes. Eli disse a Samuel que Deus o estava chamando. Deus chamou uma quarta vez. Samuel respondeu: "Fala, pois o teu servo está escutando." Samuel estava pronto para ouvir Deus falar. Nos dias de hoje, ouvimos a voz de Deus através da Bíblia. Esteja pronto para ouvir a Palavra de Deus.

Leitura: 1 Samuel 3:10
"Você está ouvindo?" de *Pão Diário*

Para memorizar

.rhoo..o
rhoo.. o

1 Samuel 3:10

💬 ➡️ 🔺 ◻️ 🌀

. . . .,pois o . . . .

Dicas:

➡️ = teu

🌀 = escutando

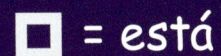

🔺 = servo

◻️ = está

💬 = fala

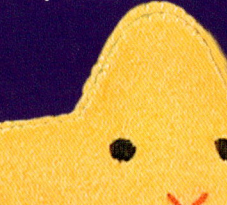

Experimente!

Será que estou ouvindo bem?

Tenho bons ouvidos? Posso adivinhar quem está me chamando? Vou descobrir. Vou fechar bem os olhos e ouvir as pessoas da família chamarem o meu nome. Posso adivinhar quem está me chamando?

Em seguida, enquanto todos estiverem conversando, alguém vai dizer o meu nome. Sem espiar, posso adivinhar quem me chamou? Usei apenas os meus ouvidos?

Será que estou ouvindo bem?

Para ouvir a Deus é necessário ter atenção, para isso precisamos de tempo e esforço para distinguir a voz de Deus dentre todos os sons ao nosso redor.

Para distinguir a voz de Deus é preciso ler, refletir e praticar o que a Bíblia diz.

Falando sobre

Compartilhe como um versículo da Bíblia o ajudou. Encoraje a criança a falar sobre um versículo que aprendeu e que poderá ajudar a todos.

A Palavra de Deus é uma lâmpada para os nossos pés e uma luz para o nosso caminho.

Você pode confiar em Deus

Lázaro, Marta e Maria eram bons amigos de Jesus. Lázaro ficou doente. Suas irmãs pediram que Jesus viesse à casa deles. Elas sabiam que Jesus poderia curá-lo.
Mas Lázaro morreu antes de Jesus chegar.
Lázaro ficou enterrado por quatro dias, mas Jesus o trouxe de novo à vida.
Talvez você não saiba muita coisa sobre Deus, mas mesmo assim pode confiar nele. Ele sabe o que é melhor para você.

Leitura: João 11:1-6,17-27
"Amor verdadeiro" de *Pão Diário*

Para memorizar

Hebreus 13:6

O Senhor é quem me ajuda e eu não tenho medo.

Dica: Deixe o espelho revelar o segredo.

Experimente!

Confie sem olhar

Posso seguir instruções. Vou lhe mostrar. Com os olhos vendados, posso encontrar um doce ou um brinquedo em qualquer parte da sala. Ao ouvir as instruções, vou encontrar o meu "prêmio".

Confie sem olhar

Esta atividade ajudará a criança a exercitar confiança total em alguém que a ama. Para dificultar um pouco mais, você pode colocar obstáculos no caminho entre a criança e o "prêmio".

É como confiar em nosso Pai celeste.

Falando sobre

Pense em algo que você precisou fazer e que não foi agradável. Talvez um remédio horrível ou tomar uma injeção que doeu. Apesar da dor ou do gosto ruim, de que maneira esta experiência o ajudou?

Nem todas as coisas que são boas para nós são bonitas ou agradáveis em seu início. Mas, na hora certa, Deus sempre nos dá o que é melhor para nós.

Se você ama Jesus, siga-o

Pedro era amigo de Jesus. Jesus perguntou a Pedro: "Você me ama?" Jesus repetiu essa pergunta mais duas vezes. Em todas elas Pedro respondeu: "Sim, eu te amo". Jesus queria ensinar Pedro. Ele precisava fazer mais do que simplesmente dizer que amava a Jesus. Pedro precisava obedecê-lo. Você ama Jesus? Se você o ama, irá seguir e obedecê-lo?

Leitura: João 21:15-25
"Você me ama?" de *Pão Diário*

Experimente!

Só vale o que você faz!

Faço de conta que estou com muita fome e à procura de algo para comer. Então peço a alguém para esconder uma pequena bola ou objeto em suas mãos, nas costas. Daí, tento adivinhar em que mão o objeto está escondido. Se eu não adivinhar, a pessoa dirá: "Amo você", mas não fará nada. Mas se eu adivinhar, vou ganhar uma "comida" bem gostosa e só vou parar quando estiver satisfeito.

Só vale o que você faz!

Palavras não significam nada se não vierem de mãos dadas com as ações.

A atividade de hoje procura reforçar esta lição: De que maneira amamos Jesus? *Quando obedecemos aos mandamentos de Deus, demonstramos amor por Ele.*

Falando sobre

Existem muitas maneiras de demonstrar amor. Investir o tempo com alguém ou perguntar-lhe como foi o seu dia são algumas dessas maneiras.

Posso demonstrar amor para
(nome) _____ da seguinte maneira _____.

Obedecer e amar a Deus significa amar os outros também.

Se vocês me amam, obedeçam aos meus mandamentos.

Dica: Vire o livro de ponta cabeça.

João 14:15

Para memorizar

Braços eternos

Jesus está sempre pronto para nos ajudar. Seus braços fortes nos sustentam e guardam em segurança. Nós também temos braços. Podemos fazer muitas coisas com eles, mas nossos braços podem ficar cansados. Os braços de Jesus nunca se cansam. Porque os braços dele nunca se cansam, Ele pode nos proteger sempre. Com segurança, podemos colocar a nossa vida em Suas mãos.

Leitura: Marcos 1:14-28
"Impressionado com Jesus" de *Pão Diário*

Para memorizar
Salmo 89:13

Decifre a mensagem.

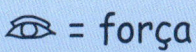

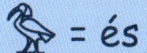

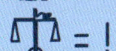

Dicas:
- 👁 = força
- 🦅 = és
- ⚖ = !
- 🧍 = como
- 📖 = poderoso
- 〰 = é
- 🐦 = a
- ⭕ = grande
- 👁‍🗨 = tua

Experimente!

Aguente firme

Vou descobrir por quanto tempo consigo me manter pendurado no braço da mamãe ou do papai. Não vai demorar para me sentir cansado. Quero ver quanto tempo meu pai vai me aguentar pendurado em seus braços.

Aguente firme

Certifique-se de que a criança esteja agarrada firmemente ao seu braço sem tocar os pés no chão para que ela sinta o efeito do esforço físico. Marque por quanto tempo ela consegue se segurar em você. Quando estiver cansada, carregue-a enquanto lhe diz que os braços de Jesus são ainda mais fortes do que os seus e que nunca se cansam.

Falando sobre

Seria maravilhoso ter um amigo bem forte. Você sabe quem é a pessoa mais forte do mundo? Não é o Super-Homem. É Jesus.

Ele quer ser o seu amigo. Você gostaria que Ele fosse seu amigo também? Se a resposta for sim, diga-lhe isso!

Seja um bom exemplo

Você deseja ser muito parecido com alguém que faz o que é bom e certo? Paulo foi um bom exemplo para muitos cristãos. Ele seguia a Jesus e o imitava. Deus deseja que também sejamos bons exemplos e que façamos coisas boas como Jesus fez. Quando outras pessoas começarem a nos seguir, elas seguirão a Jesus.

Leitura: 1 Tessalonicenses 1
"Modelos para imitar" de *Pão Diário*

Para memorizar

como
eu sigo

de
Cristo

o
exemplo

Sigam

o meu exemplo

1 Coríntios 11:1

2: _____ 5: _____

4: _____ 1: _____

3: _____ .

Experimente!

Siga-me

Veja como eu o sigo. Escolho um líder e fico bem atrás dele. Imito tudo o que o líder faz, se ele pula um objeto, anda ao seu redor ou passa por entre os objetos da sala. Em seguida é minha vez de ser o líder.

Siga-me

Um cristão não apenas segue Jesus, mas também mostra a outras pessoas como segui-lo. Os outros nos observam. Se nosso modelo for Jesus, eles também desejarão conhecer e segui-lo.

Repita a atividade algumas vezes e ajude a criança a aprender esta lição importante.

Falando sobre

Jesus demonstra como devemos nos comportar: Ele obedece ao Seu pai. Ele faz o que é certo aos olhos de Deus. Ele nos ama, e cuida de nós.

Quando fizermos o que Jesus faz, outros entenderão o que significa segui-lo.

Para colorir

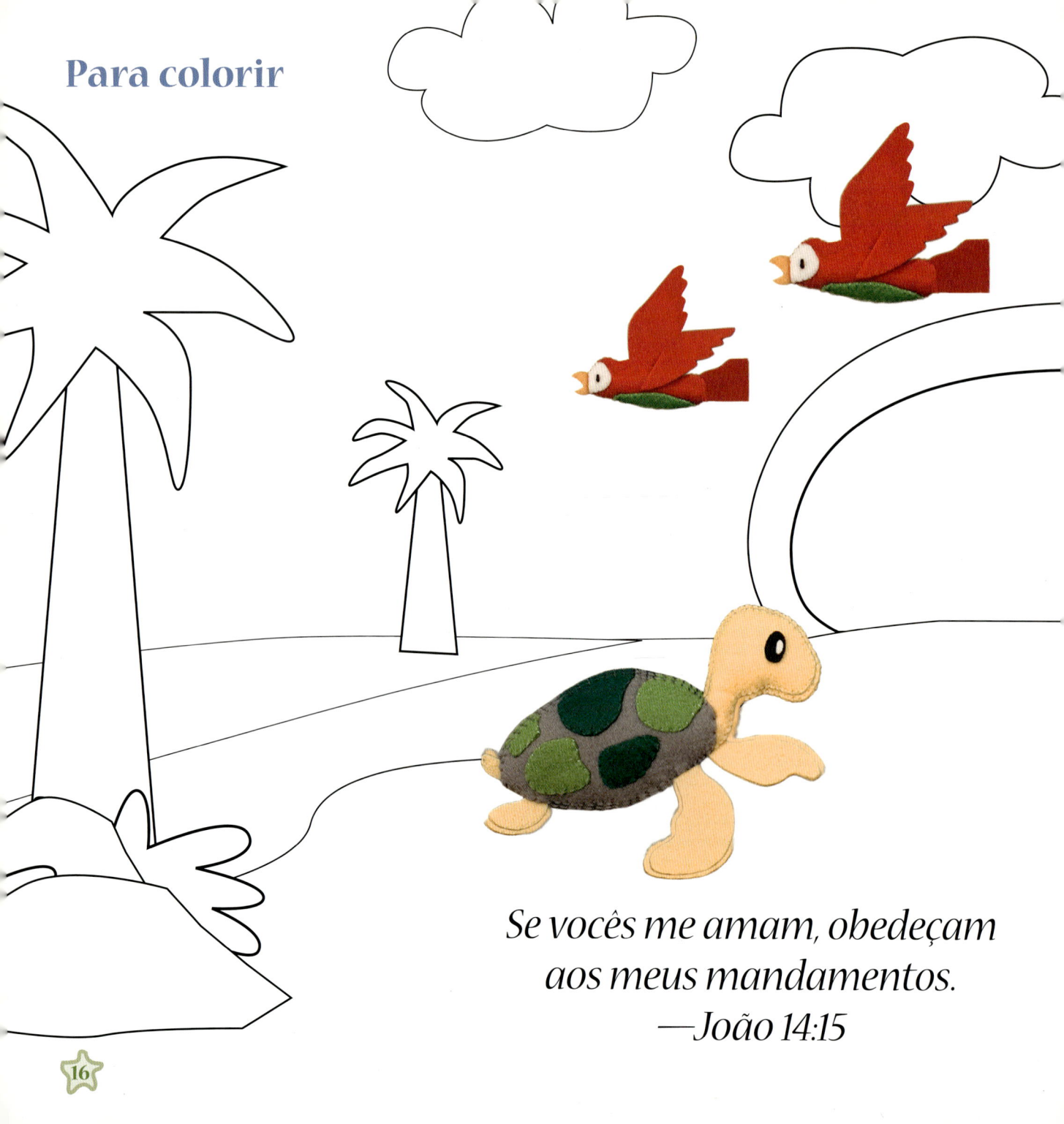

Se vocês me amam, obedeçam aos meus mandamentos.
—João 14:15